내게 말을 걸었다

시와 실천 서정시선 011

내게 말을 걸었다
시와 실천 서정시선 011

―――――――――――――――――――

초판 1쇄 발행 | 2019년 6월 26일

지 은 이 | 김혜주
펴 낸 이 | 장한라
엮 은 이 | 이어산
펴 낸 곳 | 시와 실천
등록번호 | 제2018-000042호
등록일자 | 2018년 11월 27일
주   소 | 제주도 제주시 애월읍 가문동상2길 29-5
전   화 | 064) 752-8727, 010-4549-8727
편 집 실 | 서울시 종로구 율곡로 6길 36 (계간 시와편견)
전   화 | 02) 766-4580, 010-3945-2245
인   쇄 | (주)보진재(파주출판단지 내)
전자우편 | 11poem88@hanmail.net

ISBN 979-11-90137-05-8 03810

값 9,000원

* 이 책은 전부 또는 일부 내용을 재사용하려면 저작권자와 '시와 실천'의 동의를 받아야 합니다.
* 이 도서의 국립중앙도서관 출판시도서목록(CIP)은 서지정보유통지원시스템 홈페이지(http://seoji.nl.go.kr)와 국가자료공동목록시스템(http://www.nl.go.kr/kolisnet)에서 이용하실 수 있습니다. (CIP제어번호 : CIP2019023163)

* 본문에서 페이지가 바뀌며 연 구분 공간이 있을 때에는 〈 표기를 합니다.

내게 말을 걸었다

김혜주 시집

■ 시인의 말

누구나 가슴속에
시를 품고 있다.
다만 그 품은 맘이
그저 덧없는 말이라 생각하니
시를 쓸 수 없는 것이다.
혼자만이 느끼는 세상
겪어야 하는 감정의 소용돌이
혼잡한 세상을 사는 고독이
시를
써야 하는 이유다.

2019년 6월

■ 차례

1부 참 시인이 되고 싶다

자화상 — 17
숨은 그림 찾기 — 18
참 시인이 되고 싶다 — 20
문 닫힌 사랑 — 21
해 품은 달 — 22
텅 빈 — 23
꿈 — 24
초대 받지 않은 손님 — 25
동주의 별 — 26
사계 — 28
그 반응 — 29
날개가 있다면 — 30
고마워, 마린보이 — 32
시인의 말 — 34
내게 말을 걸었다 — 36
문자 메시지 — 38
갈매기가 나르면 — 40
시인의 수첩 — 41
U턴 — 42
사랑은 소리 내지 않는다 — 44
사랑이 길다 — 46

2부 미몽의 숲

너도밤나무 - 49
삼월의 봄 - 50
꽃길로 - 51
앨버트로스의 날개 - 52
봄날은 다시 - 54
그리움에 젖다 - 55
미몽의 숲 - 56
설익은 봄 - 57
사랑을 잃은 카레닌 - 58
아가의 세상 - 60
구름에 얹다 - 62
알츠하이머 - 63
그녀의 봄 - 64
하여 오래 부끄러웠다 - 66
길가에서 - 68
채송화 작은 꽃이 피었습니다 - 69
정거장에서 - 70
훔칠 수밖에 - 72
풍경이 될 자리 - 74
고백합니다 - 75
꿈 - 76

3부 길상사 키 낮은 연등

때론 잊어야 산다 − 79
관조 − 80
서늘해서 고맙다 − 82
하염없이 − 84
길상사 키 낮은 연등 − 85
꽃등을 켜든 − 86
그 빛 − 87
지독한 그 거짓말 − 88
디딤돌 위에 서 있고 싶다 − 90
주마등 − 92
낮은 자리 − 93
진실 하나 − 94
인연 − 95
덧없이 끌리던 날 − 96
천설동화(天雪童話) − 98
시절 인연 − 99
하고 싶은 말 − 100
마른 독백 − 102
새벽은 한 순간에 − 104
길에 심는 단상 − 105

■ **해설** | 이어산(시인, 평론가) − 109

1부

참 시인이 되고 싶다

자화상

시간이 강물의 끝에 멈춰
자화상이 되고
그 앞에 내가 서 있다

마음 구석에 살아
도사리는 소리를 듣는다
아무 생각 없어도
꽃이 흔들린다

걸음마다 꽃이 피고
눈물이 흘러
아무것도 보이지 않았던 시절이

누구도 아닌
내 그림자 낯설게 다가와
실패한 말들이
반세기의 강을 건넌다

숨은 그림 찾기

가로등 싸한 불빛에
아스팔트 위를 빗줄기
쏜살같이 뛰어간다

그럴 줄 알았어
이런 날은
쟈끌린느의 눈물을 들으며
펑펑 쏟아내는 첼로의 흐느낌을
독백처럼 마시고 있는 건지도

창문을 때리는 빗줄기에
위로받고 있는
천성 고독한 영혼의 너는
저당 잡힌 시간을 다시 만들고
삶의 그림 그리기는
덧칠마저도 사랑할 수 있어야
고뇌할 수 있는 것이지

옷자락을 잡아당기는 손끝에

물방울을 떨구면
떨어지는 동심원 마다
숨은 그림 찾기를 해보자
세상의 마지막 그림을
그려내는 거지

끝 날에 웃을 수 있는
그런
서막의 장이 열릴 거야

참 시인이 되고 싶다

헌 책을 짊어진 나
볏짚 진 농부처럼
웃음이 절로 난다

마음의 물기 다 마를 때
가슴 맑은 사람 되어
건조한 서재
먼지까지 흡수하고 싶다

책 속에 글이 서 있다
행복에 젖은 시인
창작의 손
보고 싶다

문 닫힌 사랑

너를
떠나보내고
술렁이는 빈 강물을 본다

후회가 밀려와
장작더미로 불을 지핀다
어쩌면
뜨겁게 타오를까 두려워
널 놓치는 것을 선택했는지도

너를
빈 강물에 흘려보낸다
오래 서러울 것과
품었던 시간의 몇 배를 들여
더 긴 그리움이 시작될 것도
안다

흔들리는 감정이 두려워
또 문을 닫아 자물쇠를 건다
강물은 흘러간다

해 품은 달

향한 시선
그리 따스한 줄도 모르고

사랑한 내내
외면하고 돌아선 옷깃
얄프레한 그림자로 감싸
모르게 밟았다.

목이 말라 가시가 돋아나도
자양토가 될 줄 알았기에
달빛에 기울어질까
숨 죽여 물을 길어 올렸고

날이 차서 돌아올 날
무수한 별빛 삼아
무명 모슬린으로 짠 길
살포시 밟으라고

해 품은 달
높이 걸어 두었다.

텅 빈

소리 없이 흐르는 눈물
보았습니다.
흐느끼는 서러움을

훔치는 손가락이 가여워
차오르는 슬픔
그리고
가슴이 젖어듭니다

하마터면
나
소리내어 울 뻔 했습니다

깊은 외로움 다 알 것 같아
외면하고
그래서
가슴이 파고듭니다

꿈

문득
꿈길에
그가 와서
눈빛을 실었다

목 메인 그리움 솟아
입이 달아나고
나도
눈빛을 달았다

살큼한 미소 띄우고
사무치는 외로움이
녹아
슬피 울었다

초대받지 않은 손님

멀리서 온 손님
방석으로 모셨다
흔들림 없는 자세
봄을 바닥에 깔았다

창을 열고
먼 산에 아지랑이를 잡아
바람을 얹은
식탁에 앉혔다

새 하얀 버선발
꽃잎 타고 들어온다

동주의 별

머나먼 동쪽의 땅
오랑캐꽃 바람에 너울대는 그곳

고갯길
젊은 시인이 오른다
이른 서리 새벽바람에
껴안을 조국마저 손 놓은 채
신음도 없이
묵묵히 오른다

청산이 지면
알 길도 없는 곳으로 잎이 떠가고
캄캄한 독방
바람도 들지 않는 고개에서
시들어 우는 젊은 시인

시멘트벽을 긁어 쓴 고백만이
한때 내린 소낙비에
녹아버린 눈물인데

닿지를 않아
산허리 어름에 눈길 던져두고
목숨 끊어진 날

밤하늘 뭇별이
스러져가는 영혼 위로
비처럼 쏟아져 내렸다

사계

시린 마음
꽃대 속에 숨기고

녹음 우거진 날
제흥에 겨워

다래 익는 계절에
덜컥하고 놓아버린

혼을 챙겨 들고
나서면

올곧은 나목 사이사이로
한없이 내리는 눈밭

하얗게 쌓여
되돌아오는 울림

그 반응

시작하는 법이
따로 있는 건 아니었다
그 시간의 화살촉이 꽂히는 순간
송두리 갈 준비가
돼있었다

공중에서 새 한 마리 날아와
가슴 속을 파고든다

사람을 껴안는 일이
같은 속도일 수는 없지만
감각의 모든 것을 내놓아
심장으로 증명할 수 있는
화학과 물리가
하루에도 수차례 차올라

파닥거리는 심장을
누르고 있어야만 한다

날개가 있다면

날고 싶었어
깃털을 다 저어
하늘 높이 오르고 싶었어
재크의 콩나무 타고 올라
끝없이 흔들리고 싶었어

새가 될 거야
매 발톱 날카롭게 세워
콩나무 줄기 칭칭 감아 오른
꿈을 찍어내고
날아갈 거야 훠이훠이

눈은 바쁘게 움직이고
둥지 안의 뾰족한 입과
깃털보다 가벼운 손발의 지문
동전만 한 집터에
하늘까지 오른 콩나무까지

새만큼 가볍게

재크와 날쌔게 차고 올라
콩나무 둥지를 채울 거야
시루가 부풀어
쑤욱쑥 올라오고 있을 때에

고마워, 마린보이

내겐
아들이 있다

나는 아들이
가로수였으면 좋겠다
길가의 풍광 그대로인
고마운 사내였으면 좋겠다

정이 많아
눈물도 많은 아이
겁도 많아
웃음도 많던 아이

바라만 봐도 아까운
아들이 있다
느티나무처럼 자라나
조그마한 나를 안아주는

아들이 있다

〈
아들에게서 나를 본다
나약해서 더 강하려 애쓴
옹이를 본다
그 가지를 뻗어 그늘이 된
나를 본다

꽃창포를 닮아
자유로운 날개를 달고
바다로 떠나고 싶다 말하는
푸른 아이

그런 아들이 내게 있다

시인의 말

콧김마저 지루해져
아득히 아득히
내 가느다란 시어

뒤적이는 책장
이 가슴과 머리는
눈빛만 넘나드는데

오색의 감정은
어드메서 빌릴까

물러서는 자리마다
빛깔 좋은 언어로 치장을 해도
한달음에 달아나
서늘한 바람 몰아치면
흩어진 머리카락 빗을 수 있을까

그 바람
옷깃을 살갗을 스치고

감성의 정수리 건드려
무디었던 손끝을 움직이고

소르르 떨어지는 낱알
소매 속으로
추상의 언어가 기어들면
어디를 헤매고 다녔는지
무엇을 보았는지
그 길을 돌아오는 말

내게 말을 걸었다

안부를 물었다.
오랫동안 섞여 지냈던 낡은 냄새
낡은 웃음이
흩어진 날들을
실오라기 하나 걸치지 않은 채로
어긋나지 않게
머무는 시간이 휘청거리지 않게
귀를 살랑이게 한다.

잘 지냈나요?

겹겹이 겹친 가슴 끝자락이 아리고
때론 미치도록 행복하고
때론 미치도록 숨이 안 쉬어질 만큼 외로운 날
햇살 한줌을 움켜쥐고 싶어지는 한낮
불편했던 마음이
알싸하게 번지는 공기
등 뒤에서 싱싱한 바람을 맞으며 사라진다.
〈

버려지지 않는 충만함
채색하지 않은 스케치
그 모습 그대로인 것처럼
애당초 그렇게,
햇살이 구름에 흡수되어
하늘이 뿌옇게 보이던 날
시간이 흩어져 없어지지만 않는다면
삶의 공연을 관람석에서 구경하고 싶어
바깥세상으로 나 있는 창문을 열었다.

인생을 여행하는 사람과
인생을 사는 사람
서로의 시선을 경험하는 일
서로가 주고받을 게 있다는
존재감 속에서
따스한 안부를 묻고 싶다.

잘 지내고 계시나요?

문자 메시지

힘에 부쳐 고단하면
다행스럽게도
베갯머리에 잠으로 뚝 떨어졌다

보고자 하는 간절함
듣고자 하던 말을 두고
아무 말 없던 당신은 떠나가고
그런 당신을 보내지 못한 난
울었다

눈을 뜨면
볼 위로 남은 눈물로
희고 마른 빛이
기억에 떨어져 내린 아침
머리끝까지 슬픔이 차 있었던
그 해

나는 많이 두려웠고 세상은 고단했다
그리운 것이 너무도 많아

안녕이라는 말을
가슴에만 새기고 살았다

오늘이 반복되는 거라면
삶은 기쁨도 슬픔도
그저 먼지라고 여겼던 시간
허기져 여윈 마음으로
젊음을 같이 보낸 시간이
억울하지 않았다

우리 모두는
마지막 모습을 잃어버린 시간에서
제일 슬픈 구절은 멀리서
파르르 떨고 있다

갈매기가 나르면

시퍼런 강
수면 위로 퍼득거리는 기러기
깊은 물을 차고 오르면
사람의 땅

황량한 들판을 날아도
깃털은 마르지 않지
상처 난 발톱으로
강물을 할퀴어

머 언 하늘 아래
붉어진 강이 다가선다
제 향기 거둬진
풍경 안으로 날아간다

시인의 수첩

목련꽃 지는 아득한 소리
아픔도 꽃처럼 떨어져 내리고
향기는 흐르는 물소리로
여기에 있다고

봄이 떠났던 지난겨울
마음이 얽혀 생각도 지고
갈증 나던 언어에
목 메이던 말 그런 말

천정에서 공명이 되어
발끝 꽃으로 떨어져 채이는
생각의 음표들
빈 집 되어

떨켜로 남은 서까래만

쿵

U턴

마디마디 세상에
풀이 누웠다
해설핏한 어스름 저녁
가랑잎 찬바람에
오그라들어
나무에 몇 잎 사락거린다

내리마신 카페인 탓인가
마음 속 명치끝이 막혀
몸속이 캄캄하다
별들의 각도가 무너졌는데
지워버린 별이 슬쩍 춤을 춘다

그동안
붙들고 산 삶이
갈아타야 할 정거장을 놓치고
아무렇지 않게 방향을 바꾸고
그림자만 말없이
땅거미 지는 언덕을 오르내렸다

〈
여전히 간절한 것들은
켜졌다 꺼졌다 자신들의 말만 하는데
아무 일도 없다
하늘보다
더 환한 땅도 있을 무엇
위아래 내버려두지 않고
찾아낸다

사랑은 소리 내지 않는다

사랑을 그렸다
수채화가 가을 속으로
걸어 들어가고 있다
맑은 하늘에서
낯선 얼굴로 웃고 있는데
눈을 감을 수 없다

하얀 뭉게구름이
눈과 귀를 막아 버리고
오랜 시간 가슴 비워둔 곳에서
슬픔 같은 감동이 오르내렸다
온갖 아름다움이 비껴나가는
눈먼 코뚜레 사랑

동토에 있어도
땡볕을 걸어도
싸안아 가고픈
궁극의 그리움
쉼 없는 설렘이 요동하는 그리움으로는

사랑을 덮을 수가 없다

사랑을 그린다
모르는 사이 집을 짓고는
가을 수채화는
햇살부터
한 장 한 장 그려낸다
손깍지를 끼고 눈을 맞추고
나를 잡아끄는 것
한없이 두근거리는 세상

사랑이 길다

당신 짐작하지 마라
삶이 작은 게 아니고
보여줄 수 없는
깊은 바닥이 많다는 것을
허물치 마라
표현이 서툴다고
그 마음 어디 갈까

목이 길어지도록
보여줄 수 있는
표현만을 접어
마음 안에 넣어 두었다
꺼내기 쉽도록
사랑을 사소한 것으로
말했는지도 모른다

2부

미몽의 숲

너도밤나무

신선을 등장시키라니
일렬로 늘어서
고개 든 시종들
화려한 매무새가 꽤 장관이다
앞섶에 끼운 노리개
낯익은 방물아비

짙푸른 융단 길로 나선
허연 수염재비
부채로 가린 잔상에
예리한 눈빛
창포물이 뚝뚝
금테 두른 방석이 비었다

삼월의 봄

피지 않는 꽃도
꽃이고
날지 못하는 새도
새라고

겨우내 얼어붙은 아스팔트
묵힌 먼지 사이로 그득한 봄볕
아직 피지 않은
홍매화의 붉은 꽃순
그래
천천히 피어나라

봄이 오는 일
그리 반갑지 않은
하늘과
젖은 날개 마르면
날면서 무엇을 보는지
지저귀는 말 죄 서럽다는 것

푸른 삼월의 봄이
이제는 멀기만 하다

꽃길로

아니 가고 싶던 곳
가자 나서면
걷고 걸어도 끝나질 않아

앞서 걸었던 사람
언뜻 스치는 다정한 체취에
참았던 눈물로
새 지도를 그리며
걷습니다

아쉬움뿐이었던 마음에
지나간 일은
슬픔으로 뒤돌아보지 않으려
오늘이라는 그림자만 드리워
따라 걷습니다

꽃이 피었다 다시 사는
모든 길이
다정했던 사람
당신의 길임을 이제는 압니다

앨버트로스의 날개

상상이라는 거대한 물결
심연의 파고를 다스릴 날개가 있는가
거대한 날개 속에 감춰
이상이 내민 손
접지 못하는 이유라도 있는가

끼룩 뒤뚱거리며
온전한 몸짓으로 묵묵한 바다를 가르는
앨버트로스, 바보새
넓고 깊은 바다 땅에서
물 한 모금의 진리를
높아진 하늘에 뿌린다
무거운 날개로

폭풍 휘몰아친 바람 앞에서야
비로소 절벽 앞에 당당히
펼치고
유유히 비상하는 거인의 날개
조롱의 바닷새는

영혼에 꽂힌 자유를 빼앗을
그 아무도 없다
바다를 버리지 않는 한

봄날은 다시

내 심지에 뜨는
한 조롱박
샘 깊은 곳에
감춘 연서

부끄러워라
내가 쓴 글 한 편
낙화 되어
나릴 테지

문밖은 온통
시로 가득 피었는데
부끄러운 욕심에
그 시 내게 쓸 수가 없어

머뭇거리는 봄날
저 언덕 너머로
시가 홀로
건너고 있다

그리움에 젖다

기억을 더듬으면
창가로 어미의 목소리가 떨어진다

햇빛이 투명해
얌전한 꽃잎 보는 듯 하다시던
여린 딸 이리 삭아지는데
나는 좋구나, 어머니의 말
눈물 한 방울이
귀밑으로 도르르 떨어져 내린다

한 잎 종이
하얗게 부서져 내리고
죽음의 이름이 사방으로 날리더니
종가집 종부의 한 생은
꽃상여에 얹혀
너른 바다 그 언덕에서 멈추었다

기억으로 슬피 언덕을 오르는 오늘
내 어머니 만나러 가는 길마다
햇살이 들뜨고 있다

미몽의 숲

내 안의 우주는
내 안에서만 종을 울린다

어루만지지 못해
침묵으로 서로를 다치게 하던
지닌 상처를 통째로 안으면
목마른 사랑 다시 목마르고
더 이상 감추지 않아도
다 보이는 숲에
메마른 숲에
꽃이 지고 있다

자면서도 깨어있는 사랑이
내 우주를 떠나는지
먼 종이 울린다

설익은 봄

서러워 지나친들 아쉬워 하얀 고깔
뒤집어 삼월설화 훈풍에 피우고자

철 이른 홍매화의 순결이 다소곳해
시새움 스치우듯 바람결 저리 울어

산비치 이른봄 물에 마른마음 젖으니
지나간 애틋한 세월 춘풍으로 재운다

사랑을 잃은 카레닌

무도회의 유리 구두를 찾으러
발을 디딘 카레닌
왈츠의 음색에 순간 도를 넘어섰지
시계는 소리를 내어 달리는데
심장은 그 자리에 얼어붙었어
오오. 카레닌!
이제 신발을 신어
꼬마가 기다리고 있다는 걸 알잖아

기차는 역을 향해 진입하고
사랑에 젖은 머리카락은
붉은 립스틱으로 빛나는데
여전히 몽롱한 꿈으로 헤매는
기다림에 지친 꼬마는
잠이 들고 말았어
오오
굿바이 굿바이 내 아기

커튼 사이로
부서진 바람이 들어도

행복은 부여안고 있는 줄 알았던
카레닌
퇴색되어 가는 희망은
종일토록 허공을 날아
뒤늦은 고백이 죽음을 향해도
카레리나 빛의 여인
사랑 하나만 가지려

이제
헐벗은 옷을 벗어 던지고
날개를 달고 쉬어야지
검은 눈동자가 초점을 잃어도
사랑을 잊어선 안 돼
카레닌
너의 유리 구두를 신고
네 아기에게 가서
보드라운 입맞춤을 하는 거야
그리고
날개를 달고
네 세상으로 가는 기차만을 타야지

아가의 세상

비밀이야 비밀!
유아 동화책에 쓰여진 문구
말하기도 전
엄마의 동화 구연으로 들어선
비밀의 세상
문 열고 들어가는 아가의 손이
작은 별이다

띵똥
누구세요?
꽃잎 묻은 입술 오므리고
한 발 걸음 떼는
신기한 발바닥
세상에서 가장 아름다운
비밀을 밟는다

사과꽃 입술 분홍빛 뺨
초승달 눈매
엷은 보조개가 전하는

아가의 하늘
맑고 푸르기만 한데
그것마저도
쉿! 비밀이야 비밀

문이 열린 창 뒤로 모슬린 커튼
붉은 제라늄은 한창인데

구름에 얹다

길이 열리면
뿌연 봄 드는 해를 안고
무작정 돌린 발꿈치에
새살로 돋는다
겨우내 애쓰며 닦아 놓은 감성의 대접
국을 담고 밥을 담아
차려진 밥상머리에
쥐어짜놓은 볼품없는 글
부끄러워도 지우지 못해

붉은 저고리 초록 치마
새 각시 갓 신행에
오래된 놋그릇으로 담으라 하시니
먼지로 와서 먼지로 가는 세상
변두리에 자리 잡은
푸른 별 지구
그 땅 언저리에 획 하나로
존재할 수만 있어도
달 뜬 낯빛을 구름에 얹다

알츠하이머

깊은 잠 속에 빠져버린 그
소리를 잃고
단편적인 상념만 오갈 뿐
무표정한 티비

혼자의 레고를 맞추는 그
오로지
짝을 찾는 희미한 사랑
기다려야하는 괴로움

기억속의 기억으로
풀어진 넥타이를 동여매보는 그
아픈 눈빛 슬픈 웃음 뒤로
바싹 마른 눈물이 흐르고

신께서
그의 손을 잡아 주실 때
의식의
자유로운 날개를 달 수 있을까

그녀의 봄

순수의 순수를 덧칠한
광목의 투박한 빛
순종의 미를 안고
산 넘고 재 넘어
그곳에서

마를 날 없는 고운 손이
생채기가 지도록
세월을 지고
다섯 손가락 구비 구비
사랑과 희생을 심고

이제
한시름 놓이는가 싶더니
끝없는 주름 지어주는 사유들
한숨 섞인 '가고 싶다'
얻고 싶은 날개였지

창가 환한 햇살아래

하이얀 낯빛
분홍빛 뺨이 이뻤던
그날
눈물 한 방울, 기침 한 번

준비되지 않은
황망한 바라기들 외면하고
나선 나들이
꽃신 신고
지려 밟으소서

그녀는 꿈 따라
봄 따러 갔다.

하여 오래 부끄러웠다

골목길 달리다
벽에 부딪혀
뒤로 넘어졌던 일은 숨겼다
어처구니없던 어리석음이
마음의 금을 긋던

시간을 약분해 쫓기던 시절
열기로 가득찬 세상을 살아보고 싶던
마음 팽팽히
두려울 게 없었던 무지
말끔히 씻긴 하늘 향해
희망만 얘기했다

속수무책의
절망이 기다리고 있다는 걸
하루 낮 길이에 따라
행보의 걸음이
다르다는 걸 깨달은 이후에
알았다

〈
도시의 높은 빌딩이
목표인 양
강단 없이 유약한 겉멋 든 젊은이들과
방석을 깔아주는 부모
나무를 포기한 슬픈 표상들
눈꺼플 아래로 떨군 복잡한 사연

뒤로 밀쳐내고
살아나야 된다는 것 밖에
하여
같은 길에 도달할 진실과
거짓을 묻은
대서사시의 마지막 문장은

뭐라 할 텐가

길가에서

길 위
꽃이 펴
잠시 머무르다

맑은 바람
지나가는 소리
쓸쓸해

장마 비 끝나면
젖은 녹음
모두

꽃이다
바람이다
너의 계절이다

채송화 작은 꽃이 피었습니다

조그마한 너의 얼굴
그 속에 핀 맑은 세상
가늘고 여린 웃음의 너
모올래 찾아드는 사랑
이 지구를 가득 채운
채송화꽃이 피었습니다

조막만한 손
까까 민머리에
꽃잎 닮은 눈웃음
보드랍고 도톰한 입

언제쯤
아장거리는 그 발걸음으로
뜨락에 핀 조그만 꽃
너를 닮은
채송화 연분홍 꽃잎을 따올래

정거장에서

도마 위에 이리저리 벤 흔적
그 위로 새 옷을 입힌다
폴폴 거리는 향
아주
오래된 자연, 쇠비름 내음
익숙한 사람의 체취 같아
이 삶의 자리를 되돌아보게 한다

무엇과 왜 사이에
지난 시간을 세우면
쓸쓸해온다
어제를 보내고 오늘에 머무르면
내일이라는 미몽이 있어
무심히 문을 열고 닫는 그 사이
삶의 한 정거장에 불은 꺼지고

왜곡을 외면하고
진실을 향해 걸어오던 길에는
풀들이 웃자라고 있어

걷는 만큼 길이 보이지 않는다
세상을 향해 휘두를 수 있었던 건
너를 위한 요리의
작고 곧은 칼뿐이었다

가난한 영혼이었다
평생을 걸었어도 손에 남은 것은
기억인데
돌아본 모든 길목마다 서있는
쓸쓸함을 엽서로
내가 내게 사연을 띄운다
익숙한 아침에 만나리라고

훔칠 수밖에

한 순간
새벽이 다색의 하늘을 숨긴다
미명을 틈타
바다가 숨죽여 다가오고
물결은 남실거려

어깨 벌어진 산 틈으론
바람이 어제를 말리곤
키를 재는 바위를 지나
낮은 포복으로 슬며시
새벽에 달겨든다

붓을 들지 않고
시를 쓰지 않으면서
해 아래 살고 있으니
슬프지는 않아도
자주 눈물이 났다
등을 마주 댄 외로움과 울었다
〈

부질없다
저릿저릿 출렁이는 바다가 온다
달아날 명분이 없어
그대로 엎디어 울면
집채만한 네 이름이 날 훔쳐낸다

풍경이 될 자리

우르르 날개를 털어낸 군무
길게 사선을 그리던
그림자까지 아름다워
나무사이로 보이는 하늘에
날개깃 꿈으로 꽂은
그 눈길 또한 창창해

상냥한 웃음
다정한 음성의 주파수로 요란타
여전히
빠져들 춤사위는
한참을 맴돌기만 하는
새들의 세상

태연히 날려가는 깃털
비는 오고 바람이 불어
꽃잎처럼 떨어지니
입과 귀와 눈
풍경으로 어울리는
영원의 자리 바로 저긴데

고백합니다

미루던 감정이
기척 소리를 낸다

오감을 세우면
달라붙는 소리
문득
빈 말이라도 하고 싶다

밖으로 내지 않고
안으로만
끌어당겨 쓴
엽서 한 장

미루어둔 말이
감정이 된다

꿈

문득
꿈길에
그가 와서
눈빛을 실었다

목메인 그리움 솟아
입이 달아나고
나도
눈빛을 달았다

살큼한 미소 띄우고
사무치는 외로움이
녹아
슬피 울었다

3부

길상사 키 낮은 연등

때론 잊어야 산다

고운 눈에
이슬 매달고
가슴으로 시를 짓는
별이 된 사람

꽃은 피어
눈망울마다 맺히고
몸을 세우던
그 꽃
조용히 숨을 죽였다.

지상에 남겨졌던 자취
잊혀진 냄새
그 그림자 문양을
봉투에 넣었다

아픈 바람이
먼지처럼 날리고
풋풋했던 사랑이
좁은 창틈으로 날아가는 소리가 들린다

모든 것이 지워졌다.

관조

관음으로 물든
미향에 취해
온통 재촉하는 시간
무심한 눈 거둔
계절의 유희가 부끄럽다.

한낱
두 손 벌려 세상을 껴안아라
보이지 않던 것
눈을 뜨게 되리니

절제된 감상
속박의 울타리
짚으로 엮어 세우고
마른 갈잎으로 마당을 채워
흘린 속죄의 눈물
더는 마르지 않을 때
훨훨 벗은 몸
그 곳에 누으리

〈
관음의 색
미향에 취해
조바심으로 다가섰다면

무심한 눈의
담백한 계절을
차지하고 싶다면

간난의 나무를 껴안아라

보이지 않던 말
절제된 감성이
속박의 울타리를 뚫고
훨훨 벗은 몸으로

비로소
움을 틔울 너를

서늘해서 고맙다

해 뜨고 질 때까지
옷 섶 바스락거리니
마음 둥지 서늘하다.

창창한 볕
바람마저 뒤척이니
설렘이 날로 차오른다.

코발트빛 저녁 하늘
맑게 휘어진 초승달
살빛 스며드는 무르익은 감성

지친 걸음에
버려 둔 계절 익어
손끝 서늘해지니
정말 고맙다.

이러다
헤아릴 수 없이

쓸쓸해져서
고마운 시
한 편 쓰고 싶다.

하염없이

문득
그 곳에도
눈이 소복이 쌓였겠네
스물거리며 차오르는 눈물
보고픔 목젖을 울리고
참았던 십여 년의 시간이
일각에 스치운다.

좀 더 좋아지더면
그 입술에
위로 하나
사랑 한 움큼
입맞춤 해야지

마음 읽어
눈빛 실어 끄덕이던 모습
쓸쓸한 미소 가슴 저려 메이고
저 버린 숨은 약조
가버린 사랑인 줄도 모르고 살아 온 젊은 날

별 일 없이 눈물이 난다.

길상사 키 낮은 연등

낮은 구름 껴안고
하얀 의복으로
영혼의 넋 기리려

세상 번뇌 던져
소원하라는
알록한 휘장에

산사의 향불이
속세의 발길을
휘감으면

부처가 되는 길
묻고자 나서면
염화시중 미소가 답인

법정의 소박한 뜨락엔
정숙한 모습으로 피어난
작약 연등

꽃등을 켜든

실오라기 하나 걸치지 않은 빈들에
온통 푸른 풀이 우거지듯
겨울의 옹이처럼 마른 상처의 기억에도
반딧불이 곱게 나릅니다

한시도 품지 못했던 간절함이
살고 싶다는 생각 온 영혼으로 태우며
늦봄을 나르는 고운 불
꽃등 하나 생겼습니다

그 빛

푸른 청잣빛 하늘에
붉은 노을이 숨었다
세상 밖으로 나온 햇살
세상 안으로 밀어 놓고
순간
두려움으로 약조했던 마음이
금빛물 들어 출렁인다

깊은 조바심이 고개 들면
책을 펴들고
펜으로 줄긋기를 해보자
가슴을 밀고 올라오는 시간이
책 속으로 걸어 들어가서
잠시 그때 그 시간을 되짚어

흩어지면 안 되는 시간과
붙잡으려 했던 시간이
마지막까지 품어야 할 위로의 순간
빛이 빛의 그림자로 일렁이는
시작과 끝을 이룬다
밤이 낮 안에 숨는다

지독한 그 거짓말

소소한 인연의 시작인데
필연이라 불렀다

운명이 그리 오는 가
삶의 정중앙을 채웠다 믿은 환희도
잠시
이유도 변명도 없던 작별

부디 더는
그 말에 속지 않기를
바람을 가로막은 소나무 아래에서
마음에 끌려 길 잃지 않기를
더운 다짐을 했다

태양이 가리킨 좌표대로
걸어온 길
사막 같은 생의 모든 고통은
소리쳐 불러도 그저 올 리 없는 꿈이라고
눈이 먼 사람처럼 울부짖던 시간

〈
아주 돌아섰다 믿으면
시작과 끝이 맞닿은 깨달음으로
다시 열리는 시작
혹은 새로운 이별
필연이라 불리웠던 그 시간이
사랑, 그것

디딤돌 위에 서 있고 싶다

산과 산이 둘러쳐진
겹겹으로 싸인
작은 나라에 역사를 심는다

갈래갈래 좁은 길마다
낮아진 지붕
울타리 없는 사연이
곳곳에 있다

산에 심어진 역사는
잠들지 않아
들리지 않는 숨소리만
고랑고랑 혈관을 타고
구겨진 세월 속으로

높이 쌓은 벽
세상 불신은
망종의 정치가들의 달콤한 혀
머지않아 새로이 포장될

또 다른 시작

순응과
민중 속의 쓸쓸한 바람이
지배하는 역사
산이 푸르러 산의 메아리는
나무와 나무의 스치는
통한의 소리로

꽃 속의 꽃
민중의 꽃
무궁화의 역사를
되돌려 삼지 마라 한다

주마등

온 하늘이 열려 있는
지금
햇살의 소리 소록거리며
눈썹에 와 앉았다
까끌거리는 어제를 젖히며
해비치의 커튼이 다시 열린다

아쉽지 않을 만큼
붉어 젊었던
그 시간의 기억
지나간 옛날이 사랑이
까르르 행복한 웃음을 날리며
추억으로 가득 차있다

기대의 나날들은
하루의 서운함에 아쉬웠던 시절
무산된 슬픔의 끝에선
마른 눈물이 답이라고
삶은 또
새로운 시작을 하고 있었다

낮은 자리

풀 숲 더 우거지기 전에
서둘러 핀 봄

한결 가벼워진 등으로
희망이 소르르
봄비 듣는 소리와

설레는 사월
꽃들이 태어나는 들에
소박한 꿈 싸안아 준 햇살

송송 깃털을 달고
후후후 바람을 타면
다가올 여름 그 자리까지

작은 꽃 뿌리 실 날 같은 들로
조금만 천천히 오라
웃는다

진실 하나

자연스레 바람을 일궈
고른 진토에 솥 하나를 앉혔다
지문조차 꺼려해
구름을 앞장 세워
하늘은 지워지지 않는 그림 한 점 그리고
삶의 완결 편에서조차 채 이뤄지지 않던
마음에 늘
살갗 속으로 스며들던 바람

바짝 마른 채 떨궈진 씨앗 한 알
저만치
기특한 고개 내밀어 혼자 피어도
정직한 생명의 말간 낯빛으로
향기를 품어내는데
그렇게 작은 겨자씨 하나라도
큰 나무 살뜰한 그늘을 만드는 기적을 보리라던

때가 이르면
해는 뜬다는 진실을
지는 노을이 말해준다

인연

나무 한 그루 심었다
작은 뜰 가운데에

통창으로 부는 바람이
용기를 쏟아준다

기다림이 기다리면
마침내 자라나

지친 당신의 삶에
지지 않는 사철나무가 된다

덧없이 끌리던 날

실금에 매달린 소식 하나
사무치던 마음
눈빛 언저리마다 타고 내려와
시간의 공간을 만드는
그 날
옷깃이 빛나 윤기 흐르던

손가락 연서는
하루의 긴 밤 수놓은
수레에 가득한 꽃향기였다
온 세상을 안아 올린
분홍 꽃잎이 하롱거리면
그 시간
달이 찼다고 기우는데

그 달빛에
눈을 맞추기만 해도
녹아내릴 듯 설레던 마음
꽃만 같더니

실금으로 왔던 소식 하나
그만
부서져 하얀빛으로 남아

생각은 달과 꽃으로
가슴골 깊이 뿌리 내리고 있다

천설동화(天雪童話)

자각 자각
마당을 밟아
그 속에 맺힐 윤슬을
미리 듣는다

겨울 밤하늘에
청청한 반달
살얼음 깨지는 길 밟아
그 안에 다시 돋을
달빛을 그린다

긴 솔가지
하얀 팔뚝마다 쌓인
동화의 천설이
애절한 마음 안으로
숨어 버린다

시절 인연

다가서면
아픔이 아롱아롱
돌꽃으로 피어난다

뒤돌아서면
마음 둘 곳 찾던
손끝 가시랭이 맺히고

그래도 곁을 두는
먼발치 그림자 떠메고
수수한 자태로 모셔와

아프지 않을 만큼
서운치 않을 거리로
가슴에 넣으면

삼켜야할 사무침이
보이지 않는 그리움으로
답하다

하고 싶은 말

자고 있나
물으시면
자면서도
깨어있다
말할 텐데

깼구나
반기면
환하게
마중할 텐데

토닥토닥
사각사각
서툰 마음
나룰 텐데

이 바람에
빗소리에
깜박

대답을 놓쳐

사랑한다
기억한다
두고두고
말을 할 걸

마른 독백

창 밖 솔가지
불꽃처럼 사락거린다

투명한 하늘 속으론
긴 꼬리 물고 사라진
제트기 폭음
소스라치게 기억을 더듬는 것이다

아스라한 점으로 이어진
그들의 발자국
저무는 해를 등지고
겉돌며 지나온 열아홉의 길이다

날숨 한 번에
막혔던 모든 숨통을 틔우는
그 하루
오늘 내게 과거를 복습시키는 것이다

벽 틈 사이로 솔가지

바람으로 서걱거린다
얼마나 가야하는지
솔잎 하나하나 떨어져 가르치는데

지난날이 있었듯
미래가 오려는 오늘의 문 앞에서
아직도 서성이는 미련이
돌아보고 있는 무너지는 하루다

새벽은 한 순간에

새벽은
한 순간 눈꺼풀 사이로
반쪽만 들어선다

어둠이 싸악 가시는
반쪽의 빛
전부가 아니라도
새벽은
순간의 해 울음
산고의 결실로 이어지는
숭고한 아픔

또 다른 부활
생명으로 달음질하는
처절하게 뻗어오는
아, 산등성이 불이 타
찰나의 억겁이
시작되는 시간이다

길에 심는 단상

창을 열고 잠시
새파란 물결 끝 간 데 없이
출렁대는
빨간 등대가 서 있는
포르투갈
이곳에 서서
땅끝마을을 생각합니다

해안으로 밀리어 부딪히는
막혀있던 마음 저릿하게 씻겨준
바다의 파랑
풍경이 끝이 아닌 긴 길
군무를 이뤄 나르는 갈매기
뒤로 새파란 하늘
사연 실은 해파랑이 그려집니다

세상에 뜻 없는 것은 없다는데
갑자기
오래도록 살아보고 싶다는

생각을 했습니다
해야 할 일이 기억나고
외로움에 시달리고
이루지 못 할 이야기들만 가슴에 넣어
홀로 동화를 만들고 살던 삶

다들 웃고 버리겠지만
꿈을 매달아
나만의 세상을 살았습니다
등잔 위에서 잔잔히 피어오르는
불꽃은
세세한 감동을 나누고
마음 적힌 글을 살랑이며
저절로 향기를 내며 빛나고

전후 살펴보지 않고 무작정 나섰던 길
살면서 용기가 필요했던
숱한 순간마다
밑그림 없이 그리던 진심

더 이상 수정할 필요 없이
그 자체로 완성이 되는 동화

찬바람이 살갗을 스며들어
맑아진 삶을 드러내는 계절
붓끝에 묻은 사연들이
맑은 색채가 될 때
흰 머리가 세월을 말하여
주름진 자락들을 숨길 수 없어도
그 자체로 삶은
자연스럽게 만들어질 것입니다

■□ 해설

미몽의 숲을 지나 꽃등을 밝히는 시인

이어산(시인, 문학평론가)

 시를 읽는 마음은 언제나 설레는 작업이다. "시가 내게로 왔다. 시와 시인의 세상에서 줄곧 지내온 시간은 내게는 꽃길이었다."는 생각을 다시 하게 만든 이가 바로 김혜주 시인이다. 지독히 여성스러운 접근과 난해하기까지 한 그녀의 언어들, 현대시에서는 금기시하는 관념어의 나열에 불확실한 미래에 대한 추정적인 희망들, 단적으로 말하자면 김혜주 시인의 글은 필자인 내게도 도전이었다. 세상의 시에 대해 이러쿵저러쿵 말들이 많다. 시를 쓴 장본인보다 그것을 해석하는 사람들의 해석력은 전지적 시점을 지녔다. 오히려 글을 쓴 시인이 채 깨닫지 못한 자신의 정서와 정신적 세계에 훨씬 더 해박하다. 그런 시안이 있어야 시를 논할 자격이 주어지는 것은 실질적으론 맞는 말이다.

타당한 현실이다. 선생이 된다는 것은 학생이 지닌 물리적 재능과 더불어 잠재된 능력을 눈치 챌 수 있어야만 한다. 더 빠르고 바른 성장이 일어나도록 물심양면으로 도와야 한다. 먼저 태어나 조금 빨리 세상과 인생의 모든 면면을 안다는 일은 이런 크나큰 책임을 지니고 있는 것이니까. 사실 시를 해설 하거나 평론 한다는 일도 조금 먼저 시를 공부하고 시단에 나왔다는 이유이지만 시인의 글 속에 들어가서 그 시와 일체가 되지 않는다면 정말 해내기 어려운 일이어서 조심스럽다.

그런 점에서 나는 김혜주 시인의 방향에 대해 아주 긍정적이다. 시의 곳곳에 숨은 그녀의 소망은 절박하고도 단순했다. "시를 쓰고 싶다. 시를 잘 쓰고 싶다. 시를 더 많이 알아가고 싶다." 세상에 이런 바람보다 확실한 방향성이 있을까? 구체적인 계획이나 방법론을 찾아가는 중이지만 그 길에 들어섰다는 것은 이미 그에게는 시가 자리 잡고 있다는 뜻이다. 희망은 반드시 형태를 지닌다. 지금부터 필자는 시를 무조건 좋아하다가, 시라는 형태로 그냥 글을 쓰다가, 시를 이루어 가는 노력의 결실이 어떤 것인가를 살펴보고 시라는 장르가 지닌 모성을 살펴보기로 한다.

시간이 강물의 끝에 멈춰

자화상이 되고

그 앞에 내가 서 있다

마음 구석에 살아

도사리는 소리를 듣는다

아무 생각 없어도

꽃이 흔들린다

걸음마다 꽃이 피고

눈물이 흘러

아무것도 보이지 않았던 시절이

누구도 아닌

내 그림자 낯설게 다가와

실패한 말들이

반세기의 강을 건넌다

- 「자화상」에서

스스로의 모습에 대해 아주 정직하다. 일단 자신의 모습에 대해 알고 있다는 장점은 앞으로의 향방에 아주 호의적인 조건이 된다. 긍정적인 시각을 지닌다는 말이다. 지금 당장에 성장이 일어나지 않아도 절망하지 않고 꾸준한 행보로 이어지는 작업을 지속할 수 있다. 시도 실질적인 작업에서는 재능을 넘기는 노력이 굉장히 요구되는 느리고 긴 숙련의 과정이 필요하다. 단순히 재능만으로 글을 쓸 생각이었다면 어쩌면 실망에 밀려 글쓰기를 포기할 수도 있다. 삶이 글의 재료이고 시간이 결과물인 시, 그럼에도 개성과 독특한 전개를 이어갈 에너지가 반드시 요구된다. 그것을 통해 평범할 수 있는 언어와 문장들이 시에 옷을 입는다. 설명이나 묘사에 치중해서 내용과 메시지를 경시한다면 그것은 화장에만 정성을 들인 인형이 되는 일이다. 생긴 것만으로 미인이 되는 것은 결코 아니다. 미인의 얼굴엔 생명력이 필수다. 죽은 미인은 없다. 우리는 살아 있는 시를 읽을 권리가 있다. '아무 생각 없어도 꽃이 흔들리는' 시, '내 그림자 낯설게 다가와 실패한 말들이 반세기의 강을 건너는' 시, 우리에게는 그녀의 이런 소망이 지금보다 앞으로의 시를 더 기대하게 만든다.

옷자락을 잡아당기는 손끝에

물방울을 떨구면

떨어지는 동심원 마다

숨은 그림 찾기를 해보자

세상의 마지막 그림을

그려내는 거지

– 「숨은 그림 찾기」에서

마음의 물기 다 마를 때

가슴 맑은 사람 되어

건조한 서재

먼지까지 흡수하고 싶다

책 속에 글이 서 있다

행복에 젖은 시인

창작의 손

보고 싶다

- 「참 시인이 되고 싶다」에서

 위 두 편의 시는 지금 시인이 선 자리에 대해 극명한 자각을 드러내는 마음이 재료다. 숨은 그림 찾기라는 시도로 시를 향한 순례를 나섰다. 어디에 어느 곳에 어떤 선생이 있어서 길라잡이가 될지 모르는 무모한 순례일 수도 있지만 바로 직설적인 표현의 그가 지닌 시의 특징적인 성향으로 보자면 보이는 곳을 일차적인 고지로 잡아 나섰다는 것을 느낀다. 옷자락을 잡아당기는 손끝에서 강하게 다가오는 목적의식, 떨어지는 동심원 마다 세상의 마지막 그림이 되는 시, 마음에 서정이 되는 그 물기가 다 마르도록 맑은 슬픔을 지니고 있는 시인, 그런 시인이 되고 싶은 김혜주 시인, 늘 아직은 아니라고 말을 하지만 나는 당당히 김혜주 시인의 이름을 불러주고 싶다.

 시를 통해 알고자 하는 모든 것을 환히 열어 보이는 순수함이 담겨있는 그녀의 본성이 더욱 궁금해지는 대목이 있다. 필자는 시를 쓰는 재료는 다양할수록 좋다고 늘 말해왔지만 시의 접근성에 진정성이 더해지는 방법은 바로 자신의 일상이나 삶에서 느끼고 배운 일들로 시를 먼저 써

보라는 권유를 한다. 잘 안다는 것이 발을 뗄 용기가 되어 자신의 언어를 찾아내는 적극적인 길이 되는 덕이다.

> 고갯길
> 젊은 시인이 오른다
> 이른 서리 새벽바람에
> 껴안을 조국마저 손 놓은 채
> 신음도 없이
> 묵묵히 오른다
>
> 청산이 지면
> 알 길도 없는 곳으로 잎이 떠가고
> 캄캄한 독방
> 바람도 들지 않는 고개에서
> 시들어 우는 젊은 시인
>
> － 「동주의 별」에서

윤동주, 일제 강점기의 가장 암울했던 시기를 식민지 조선의 지식인이자 문학인으로 살았다는 사실 하나 만으로도 그의 고난의 행적은 보지 않아도 듣지 않아도 알겠다. 그 중심에 윤동주가 있다. 북간도로 이주했던 조선의 한 유구한 전통의 가문에서 출생한 그가 소년시절을 보낸 만주에서부터 일본 유학을 거쳐 결국에 젊은 숨을 거둔 후쿠오카에 이르기까지 28년이라는 짧은 생애를 온전히 젊은이의 올곧은 열정으로 삶을 치러냈다. 그의 삶은 탄생 100주기를 기념하는 행사로 인해 영화와 활자 등 각각의 매체에 따라 재조명 되었기에 우리는 그를 아주 친숙하게 느끼고 안다. 그런 친밀함을 김혜주 시인은 호명에서부터 시작했다. '동주의 별' 그의 아명은 빛과 같이도 빛나라는 뜻에서 해환(海煥)이라 불렀다고 한다. 그와 빛은 처음부터 서로를 지칭하는 대명사였는지도 모른다. '별을 노래하는 마음으로...' 그의 서시에 선명히 자각된 문장이 나온다. 우리나라의 젊은이들을 비롯한 일반인들조차 모르는 이가 없는 구절이다. 아마도 성서의 구절은 몰라도 이 문장만큼은 익숙해서 마치 나의 유년의 일기장에 있을 법한 말이라 착각하는 일도 있을 줄 안다. 필자 역시도 같은 생각을 하면서 성장을 했었다. 그의 언어는 빛이 났다. 때론 별빛으로 때론 우물에 비친 청동의 빛으로. 그런 그에게 현대의 시인인 김혜주의 글을 통해 친밀한 젊은이로

등장을 시킨다. 우리에게 끼친 영향력은 독립운동이나 저항의 정신 외에도 당시의 젊은 학도가 지닌 서정에 대해 깊은 공감을 먼저 끼친 부분이 통했다는 말일 것이다. '청산이 지면 알 길도 없는 곳으로 잎이 떠가고' 그녀가 내놓은 이 문장은 설명조차 힘든 서러움이 절절한 진심이 전부다. 같은 언어로 같은 마음을 전달하는 의미가 지닌 '순수한 슬픔의 공감'이 특히 뛰어난 문장이다. 그녀는 이런 순수한 본성을 지닌 조선의 피를 지니고 다시 그 서정을 전달하는 최전선에서 문학을 하는 '조국에 받쳐진 언어연금술사'이다. 조국이 없는 곳에서 무엇을 노래할 수 있을까? 작금의 위태한 한국의 정세와 세계를 관통하는 음란한 문화의 파급력과 불안한 경제와 체제의 정세를 보면서 기존세대로서 깊은 상실감과 통한을 느끼는 바를 역시도 바른 기치를 지닌 김 시인도 동감과 공감을 하고 있으며 그것을 바로 잡으려는 곧은 생각을 쓰고 있다는 것에 위로를 받는다.

> 목련꽃 지는 아득한 소리
>
> 아픔도 꽃처럼 떨어져 내리고
>
> 향기는 흐르는 물소리로

여기에 있다고

봄이 떠났던 지난겨울
마음이 얽혀 생각도 지고
갈증 나던 언어에
목 메이던 말 그런 말

천정에서 공명이 되어
발끝 꽃으로 떨어져 채이는
생각의 음표들
빈 집 되어

떨켜로 남은 서까래만

쿵

- 「시인의 수첩」에서

  그의 정서는 유감이 없이 글에서 발휘된다. 시인이 되고 싶다는 간절한 소망을 표출했던 그녀의 수첩에 이렇게 주

옥같은 언어들이 숨을 쉬고 있다. 마치 한국의 전통의 옹이 항아리를 보는 듯 반갑고 애틋하다. 봄을 앞장서 알려준 커다란 지조의 꽃, 목련이 진다고 적었다. '목련이 지는 아득한 소리' 그녀 특유의 관념어가 등장을 했다. 아득한 소리. 그 아득함이라는 단어가 주는 뉘앙스가 마치 동주의 별에서 불러준 그의 이름과 같다고 우리에게 다가온다. 한 젊은이의 이름처럼 애틋한 호명으로 봄이 갔다고 말한다. 관념어의 적절한 위치는 아마도 이런 곳이 아닐까 싶은 대목이다. 그 일은 마치 봄이 떠났던 지난겨울의 반복과 같다. 삶과 죽음이 한 개체에서 모두 일어나듯이 우리에겐 반복의 미학이 있다. 오묘한 섭리다. 살았기에 죽음이 오고 마는 일, '천정에서 공명이 되어 발끝 꽃으로 떨어져 채이는 생각' 첫 연의 '목련꽃이 지는 아득한 소리'에 맞대인 절구다. 시작이 끝으로 완성이 되는, 완결이 일어나는 대목이다. 그녀의 수첩에는 이제 '떨켜로 남은 써까래만' 쿵 하는 의성어, 의태어로 남았다. 그녀의 쿵은 심장이 떨어지는 충격이기도 하고 감동의 극대화가 주는 최후이기도 한 것이다.

아주 가끔은 그런 대목에서 멈춰 죽고 싶다는 생각을

한다. 절정일 때 결말의 서정이 필요한 일은 몰랐으면 몰랐지 생애에 대한 깊은 애착이 없이는 일어날 수 없는 궁극의 정서다. 삶의 아름다움을 아는 가슴이 시키는 생애로 쓰는 시의 최상의 절구다. 모국어를 통해 아버지의 그 아버지로부터 전달되는 국민의 정서를 받는다. 문화의 영향도 크지만 그런 형태를 두고 우리는 쉽게 "피는 못 속인다"고 말하는 언어의 정서다. 출발점이 있는 피의 말이다. 그런 점을 종합해서 볼 때 일상의 언어에서도 받은 정서를 해치지 않는 한의 언어사용은 반드시 기본이 돼야 함을 절실히 깨닫게 된다. 현대는 속도전이라 너무도 많은 일들이 한꺼번에 너무도 빠른 속도로 다가오고 떠나간다. 그 와중에 우리의 언어도 정변과 역변의 놀라운 변화가 인터넷이라는 절대 절명의 매개를 통해 일어난다. 이것은 놀라운 문화혁명이다. 아니 더 정확히 표현하자면 일대의 통합이다. 언어가 지닌 고유함이 나라마다 지닌 정서가 이젠 같은 강물로 흘러 같은 바다로 가는 형국이다 아마도 우리의 어린 세대가 성장을 하면 이 변혁은 이미 변혁이 아닌 일상이 될지도 모른다. 그래서 필자와 같은 고유한 교육을 받은 세대는 그저 다급하다. 발등의 불을 보는 기분이다. 곧이 출판을 하는 일을 맡아서 하는 이유도 변혁의 속도에 바른 정신을 추구하는 일에 참여하고자 하는 세대에 대한 일말의 책임감이라고 말을 하고 싶다. 밥벌이는 이런 일을 통하지 않고도 얼마든지 있다. 교육의 혜택과 선조들의 피어린 지지를 받은 세대로서의 깊은 통감이 지금의 시간에까지 이르게 한 것이다. 앞으로의 젊은 시인들에게 반드시 이런 마음을 물려주고 싶다는 간절함이 크다.

> 짙푸른 융단 길로 나선
> 허연 수염재비
> 부채로 가린 잔상에
> 예리한 눈빛
> 창포물이 뚝뚝
> 금테 두른 방석이 비었다
>
> -「너도밤나무」에서

흔히 속목강으로 분류시키는 지구의 하 많은 식물류에도 각각의 호명이 있다. 그 중 하나인 밤나무도 예외는 없다. 밤나무 외 '너도밤나무'와 '나도밤나무' 군이 있다. 이런 분류가 말해주듯이 삶의 테두리 안에 있는 모든 군상은 서로가 서로를 파생시키고 서로를 견인한다는 뜻이다. 태어난다는 일은 나무가 씨앗을 틔워 떡잎을 내기 전부터 이미 시작이 된 일이다. 작은 씨앗 한 톨에 그 역시도 조상의 조상, 그 조상의 조상대부터 불려오는 모든 정보를 다 싣고 있다. 그러한 이유로 파생시킨다는 말은 진화한다는 말과는 완전히 다른 말이다. 그것에서 시작이 되었다는 말이 아니라 그것이 모든 종을 파생시킨다는 원론적인 말이다. 그녀의 글에도 그러한 의미가 선명히 살아 있다. '짙푸른 융단길'과 '부채로 가린 잔상'이라는 문장에는 완전히 다른 두 개체의 특징이 들어있다. 한 쪽은 다른 쪽을 가리거나 잔상으로 이해를 요구한다. 그런 시작을 아는 일로 그녀의 시세계는 점점 자신만의 시선으로 시작하여 세상의 모든 것으로 옮겨간다. 소재와 주제는 실은 완전히 다른 성질이다. 소재는 음식으로 치면 요리의 재료가 되는 것이지만 주제는 음식의 재료를 벗어나 생명이나 이념, 상징성까지 의미는 무한해진다. 즉 무생물도 생명을 지니게 만드는 에너지다. 그런 의미에서 너도밤나무는 이미 무생물일 수고 있고 우주를 지키는 위대한 공헌자일 수도 있다. 시인의 날카로운 시선 아래에선 이 모든 변화가 단지 언어의 차이 뿐 아니라 정신과 이념의 차이로도 드러난다.

폭풍 휘몰아친 바람 앞에서야

비로소 절벽 앞에 당당히

펼치고

유유히 비상하는 거인의 날개

조롱의 바닷새는

영혼에 꽂힌 자유를 **빼앗을**

그 아무도 없다

바다를 버리지 않는 한

– 「앨버트로스의 날개」에서

내 심지에 뜨는

한 조롱박

샘 깊은 곳에

감춘 연서

부끄러워라

내가 쓴 글 한 편

낙화 되어

나릴 테지

문밖은 온통
시로 가득 피었는데
부끄러운 욕심에
그 시 내게 쓸 수가 없어

머뭇거리는 봄날
저 언덕 너머로
시가 홀로
건너고 있다

– 「봄날은 다시」에서

위의 두 시는 객체와 주체가 혼연 되는 예를 잘 보여준다. 시를 쓸 때의 화자는 스스로도 그 시를 이끌어 가는 주체로서 쓰면서도 글이 지니는 특성이나 화자의 혼돈에 의해서 그 역할에 충실하지 못한 글을 쓰기도 한다. 잘잘못이라는 관점에서 보려는 의도는 아니다. 사는 일은 결국은 나로부터 일어나 대상을 바라보는 입장이니 두 객체

모두가 실은 나라는 주체의 반영이니까. 그런 시선으로 시인들도 대상을 자신과 일체화시키는 작법을 쓰기도 하지만 읽는 독자의 입장에서 봤을 때 그런 혼돈을 받기도 한다. 앨버트로스. 국내학계의 표기법에 의하자면 '알바트로스'로 쓴다. '신천옹'이라 불리던 새다. 골프에서도 그 이름이 쓰인다. '날기 위해 힘겹게 날갯짓해야 하지만 일단 날게 되면 가장 멀리, 가장 높이 날 수 있는 새라는 상징성을 가져와 기존 타수보다 3타 적게 쳤을 때를 말하는 용어로 쓴다. 프로들에게서도 쉽지 않은 일이다. 또한 '새뮤얼 테일러 콜리지'의 서사시 '늙은 어부의 노래'에 등장하는 신의 사자로서의 알바트로스가 있다. 주인공인 늙은 선원이 그 새를 석궁으로 쏴 죽이는 바람에 지속적인 저주에 시달리는 이야기다. 제목대로 그녀의 알바트로스는 우리가 견제할 수 없는 절대자의 사신으로 보는 글이라는 생각이 더 크다. 그러기에 거부할 수 없는 힘을 비웃는 듯 바보새라는 지칭을 쓰기도 했다. '조롱의 바다새'는 거인의 날개를 지녀 유유하다고 적었다. 살면서 직면했을 힘에 대한 불공평에 대한 푸념이나 도전일 것임에 틀림이 없다. 그 대상은 무엇이라도 상관이 없다. 신이라면 신을 향한 가장 적극적인 도움을 요청하는 간절한 분노인 것이고 권력이라면 권력의 힘에 대한 도전의 선포다. 감히 바보새라고 말 한 용기다. 그러한 분노는 필수조건이 되기도 하지만 나이가 들수록 만용이라는 지탄을 하는 비겁한 구세대가 될 수도 있다. 가끔 혼돈하게 만드는 세상이라는 시공의 질서는 과연 어떤 것이 정답일까? 해답이 없는 삶은 없다 단지 우리가 두려움을 지닌 동안의 전가나 회피가 맞을 수 있으니까.

그러한 이유로 다시 시작된 그녀의 봄날에서는 '부끄러워라/ 내가 쓴 글 한 편/ 낙화 되어 나릴 테지/ 문밖은 온통 시로 가득 피었는데/ 부끄러운 욕심에/ 그 시 내게 쓸 수가 없어'라는 고백을 썼다. 불협 하는 이념은 없지만 사람은 일생 내내 이런 불협을 단계적으로 밟으며 반복하고 번복하며 성장을 하고 성숙해진다. 바라건대 그 과정이 성숙이라는 단계로 들어서면 과감한 결단을 최후의 무기로 사용하기를, 그래야만 우리는 우리의 정신을 제대로 담은 글을 물려 줄 수가 있다.

    내 안의 우주는
    내 안에서만 종을 울린다

어루만지지 못해

침묵으로 서로를 다치게 하던

지닌 상처를 통째로 안으면

목마른 사랑 다시 목마르고

더 이상 감추지 않아도

다 보이는 숲에

메마른 숲에

꽃이 지고 있다

자면서도 깨어있는 사랑이

내 우주를 떠나는지

먼 종이 울린다

– 「미몽의 숲」에서

 혼돈과 혼연을 다 담은 인생을 그녀는 미몽이라 썼을까? 아니면 깨기 싫은 아름다운 꿈이라고 썼을까? 글의 내용으로 미루어 봐서는 두 의미가 다 들어있다. '내 안의 우주는 내 안에서만 종을 울린다'에서는 아름다운 주체의 모습이 강하고 '어루만지지 못해 침묵으로 서로를 다치게 하던'에서는 혼돈이 엿보인다. 그렇다면 결국은 아름다운 꿈이 주는 혼돈일 수도 있겠다. 미몽은 숲이 되어 우리를 감싸거나 우리의 삶을 덮쳐오기도 한다. 시인의 삶에서 일어나는 많은 일들은 숲을 지나오는 과정이기도 하다. 그 길은 혼돈일 수도, 축복일 수도 있지만 결국 자신이 감당해야 할 길이기에 이렇게 시를 통해 풀어낸 용기라면 분명 축복의 길이리라. 이렇게 축약되고 아름다운 글로 힘 있게 말하는 사람을 우리는 시인이라고 불러야 하는 이유다.

    꽃은 피어

    눈망울마다 맺히고

    몸을 세우던

    그 꽃

    조용히 숨을 죽였다.

    지상에 남겨졌던 자취

    잊혀진 냄새

    그 그림자 문양을

    봉투에 넣었다

아픈 바람이

먼지처럼 날리고

풋풋했던 사랑이

좁은 창틈으로 날아가는 소리가 들린다

모든 것이 지워졌다.

- 「때론 잊어야 산다」에서

 때론 그러한 모든 연결고리를 던지고 살고 싶은 시간을 지난다. 때때로 그렇게 살기도 한다. 투사로 평생을 살 순 없지만 그렇다고 삶의 순수한 질서를 위배하는 일에 무조건 호의적일 순 없다. 이것이 실은 인생의 딜레마지만 시를 쓰는 시인의 가장 큰 딜레마기도 하다. 이념만 따르자면 흔히 말하는 목적시로 변질이 된다. 시는 그자체가 예술이어야만 한다. 인간의 본성이라고 믿는 도덕적, 사회적, 종교적인 바른 행보를 따르는 것을 원칙으로 하지만 때때로 우리에게는 그 모든 것을 압도하는 현실에 직면하면 판단의 기준에 혼돈을 느끼게 된다. 그래서 '잊어야 산다'라는 만고이래의 해결점을 모호하게 쓰기도 한다. 정답은 없어도 정당성은 남는다. 그 정당성은 시에서처럼 전체를 제대로 아우르는 것일 때 더 빛이 난다.

> 보이지 않던 말
> 절제된 감성이
> 속박의 울타리를 뚫고
> 훨훨 벗은 몸으로
>
> 비로소
> 움을 틔울 너를
>
> ―「관조」에서

실오라기 하나 걸치지 않은 빈들에
온통 푸른 풀이 우거지듯
겨울의 옹이처럼 마른 상처의 기억에도
반딧불이 곱게 나릅니다

한시도 품지 못했던 간절함이

살고 싶다는 생각 온 영혼으로 태우며

늦봄을 나르는 고운 불

꽃등 하나 생겼습니다

- 「꽃등을 켜든」에서

 이제 시인은 관조를 지나는 말을 툭 내뱉는다. 보이지 않던 절제된 감성이 속박의 울타리를 뚫고 **훨훨 벗은 몸**으로 노래한다. 우리가 익히 아는 관조와는 설핏 다른 모습을 말한다. 망연히 바라보는 일이 아닌 '속박을 벗어나 훨훨'이라는 말은 자유로운 경지를 일컫는 표현이다. 김혜주 시인의 관조란 무관심이나 회피가 아니라 아주 적극적인 참여를 말하고 있다. 주최가 아니더라도 최소한의 주체가 되는 출발이다. 여기서 '최소한의 주체'라고 표현을 하는 이유는 이미 제목이 겨냥한 관조를 무시할 수 없는 점 탓이다. 시인은 관조를 통해 확실한 시선의 높이를 정해서 자신과 세상을 바라보기를 원한다. 그 일은 세상을 밝히는 두 역할을 하고자 하는 마음에서 비롯된 것임을 본다. 꽃과 등불. 꽃은 피어 세상을 환하고 살기 좋은 곳이라 믿게 만든다. 등불은 어두운 마음에 빛이라는 소망을 선

사한다. 말라버린 상처조차 반딧불이 꽁무니의 희미한 빛으로 밝힌다는 말이 다정해서 더 깊은 아름다움을 준다. 속박이라는 한 겹의 껍데기를 벗고 나면 꽃이 등이 되는 시절을 누린다는 의미로 받아들인다. 훨씬 마음이 가벼워지고 행복해지는 기분이다.

우리는 그녀가 펼쳐준 세상에서 그녀의 언어를 따라 미몽의 숲을 지나 왔다. 알바트로스의 하늘도 지나왔다. 키 낮은 연등이 걸린 산사를 걷는 마음이 왜 이리도 맑은 것인지! 그녀의 조언대로 관조라는 속박을 버리고 훨훨 날아오르고 있는 것일까? 처음 김혜주 시인의 글을 논하려던 다소 무겁던 책임감이 날개를 단 기분이다. 그런 기분으로 이제 남은 길을 마저 걸으려 한다. 길상사가 있는 나라, 해탈이 아닌 평안이 있는 그곳으로 가서 남은 마음을 모두 두고 와야겠다. 찌꺼기로 남을 모든 감정의 잡다한 혼돈을 그곳에 두고 돌아서서 와야겠다. 좀 더 가벼워진 몸으로 세상에 돌아와 새로운 시선으로 시를 노래해야겠다.

  낮은 구름 껴안고
  하얀 의복으로

영혼의 넋 기리려

세상 번뇌 던져

소원하라는

알록한 휘장에

산사의 향불이

속세의 발길을

휘감으면

부처가 되는 길

묻고자 나서면

염화시중 미소가 답인

법정의 소박한 뜨락엔

정숙한 모습으로 피어난

작약 연등

- 「길상사 키 낮은 연등」에서